Digitalisierung in der Finanzbranche und der Öffentlichen Verwaltung. Begriff, Auslöser und Herausforderungen

Andreas Aumeier

Bibliografische Information der Deutschen Nationalbibliothek:

Die Deutsche Nationalbibliothek verzeichnet diese Publikation in der Deutschen Nationalbibliografie; detaillierte bibliografische Daten sind im Internet über http://dnb.d-nb.de abrufbar.

ISBN: 9783346368768
Dieses Buch ist auch als E-Book erhältlich.

© GRIN Publishing GmbH
Nymphenburger Straße 86
80636 München

Druck und Bindung: Books on Demand GmbH, Norderstedt Germany
Gedruckt auf säurefreiem Papier aus verantwortungsvollen Quellen

Das vorliegende Werk wurde sorgfältig erarbeitet. Dennoch übernehmen Autoren und Verlag für die Richtigkeit von Angaben, Hinweisen, Links und Ratschlägen sowie eventuelle Druckfehler keine Haftung.

Das Buch bei GRIN: https://www.grin.com/document/995890

IUBH Internationale Hochschule – Fernstudium

SEMINARARBEIT

im Modul

„DLMIHDG – Gesellschaftliche Herausforderungen der Digitalisierung"

THEMA 1: „DIGITALISIERUNG: BEGRIFF, HINTERGRÜNDE, EINFLUSSGEBIETE"

Autor: Andreas Aumeier

INHALTSVERZEICHNIS

ABKÜRZUNGSVERZEICHNIS

BMWI	Bundesministerium für Wirtschaft und Energie
bzw.	beziehungsweise
ca.	circa
CD	Compact Disc
CDO	Chief Digital Officer
DSGVO	Datenschutzgrundverordnung (... der EU)
EU	Europäische Union
IBM	Unternehmensname
IT	Informationstechnologie
ITK	Informations- und Kommunikationstechnologie
MP3	Musikformat
o. J.	ohne Jahr
PC	Personal Computer
PDF	Portable Document Format (Dateiformat)
TWh	Terawattstunden
z. B.	zum Beispiel

ABBILDUNGSVERZEICHNIS

1. EINLEITUNG

Die folgende Einleitung gibt einen Überblick über die Relevanz des Themas „Digitalisierung" und beschreibt die Zielsetzung dieser Arbeit. Außerdem grenzt sie das behandelte Themengebiet ein. Es folgt eine kurze Beschreibung der Methodik sowie ein Überblick über den Aufbau der folgenden Seminararbeit.

1.1. Begründung der Themenstellung

Beim Studium der aktuellen Presse ist derzeit häufig der Begriff „Digitalisierung" eines der betrachteten Hauptthemen. Bei näherer Recherche ist auffällig, dass in den letzten Jahren ein zunehmend gestiegenes Interesse am Begriff der „Digitalisierung" zu beobachten ist. Bedient man sich der Analyse des Suchbegriffes „Digitalisierung" über „Google Trends", so ist im Zeitverlauf zwischen 2009 und 2018 ab dem Jahr 2015, wie in Abbildung 1 ersichtlich, ein rapider Anstieg am Interesse zu erkennen.[1]

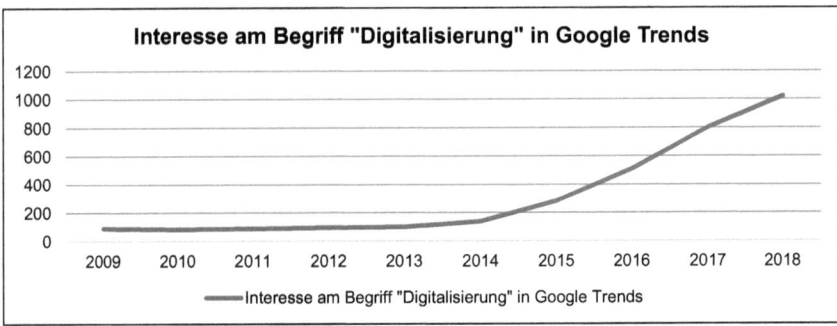

Abbildung 1: Interesse am Suchbegriff "Digitalisierung" bei Google Trends

Bei der Suche nach dem Schlagwort „Digitalisierung" auf der Seite des Bundesministeriums für Wirtschaft und Energie findet man 1 526 Beiträge (Stand: 08.12.2019). Schließt man die BMWI-Themenportale mit ein, steigt die Zahl der Beiträge gar auf 2 386 (Stand: 08.12.2019) an.[2]

Dieses gestiegene Interesse in der Bevölkerung aber auch in Wirtschaft und Politik berechtigt eine genauere Betrachtung des Begriffes sowie den mit der Digitalisierung einhergehenden Veränderungen und Herausforderungen.

1.2. Zielsetzung dieser Arbeit

Das Ziel dieser Arbeit ist es, ein Verständnis für den Begriff „Digitalisierung" zu schaffen. Außerdem soll die Arbeit Auslöser, Einflüsse, Herausforderungen der Digitalisierung herausarbeiten. Die

---

[1] „Google Trends" setzt tatsächliche Suchbegriffe in Relation zum Gesamtvolumen und ermöglicht dadurch einen Schluss auf das Interesse der Suchenden (vgl. Weck, A. 2013)

[2] Vgl. o. A. (2019), Website des Bundesministeriums für Wirtschaft und Energie

erarbeitete Theorie soll anschließend anhand der Branchen „Finanzen" und „Öffentliche Verwaltung"
in einen praxisorientierten Zusammenhang gesetzt werden.

1.3. Abgrenzung der behandelten Thematik

Diese Arbeit soll keine Praxisempfehlungen für Unternehmen oder Privatpersonen im Bereich „Digitalisierung" geben. Es handelt sich außerdem um eine Beschreibung des Begriffs auf hoher Ebene,
da aufgrund des weitreichenden Einflusses der Thematik eine detaillierte Betrachtung aller Komponenten den Rahmen dieser Arbeit überschreiten würden.

1.4. Datenerhebung und -analyse

Die Datenerhebung erfolgt hauptsächlich über die Sekundäranalyse durch Literaturrecherche und -
analyse. Es wird zunächst die Literatur zu Oberbegriffen durchleuchtet und anhand der gewonnen
Erkenntnisse eine schrittweise Detaillierung der Literatursuche durchgeführt.

Zur Veranschaulichung und Begründung der gewonnenen Erkenntnisse werden außerdem Statisti-
ken analysiert. Diese sollen die gewonnen Thesen entweder erhärten oder widerlegen.

1.5. Aufbau dieser Seminararbeit

Diese Seminararbeit ist schematisch in zwei Blöcke aufgeteilt. Zu Beginn wird der Begriff „Digitalisierung" im Allgemeinen beleuchtet. Hierzu zählen eine Begriffsdefinition und die theoretische Analyse der Auslöser, Einflüsse und Herausforderungen.

Im zweiten Block werden die Finanzbranche und die Öffentliche Verwaltung auf die zuvor erarbeite-
ten Faktoren der Digitalisierung untersucht. In diesen Kapiteln wird außerdem analysiert, welche
Chancen und Risiken die jeweiligen Branchen im Rahmen der Digitalisierung beachten müssen.

Im fünften Kapitel wird ein abschließendes Resümee gezogen.

2. DIGITALISIERUNG: BEGRIFF, AUSLÖSER UND HERAUSFORDERUNGEN

Das folgende Kapitel soll zunächst versuchen den Begriff „Digitalisierung" zu definieren. Daraufhin
sollen Auslöser, Einflüsse und Herausforderungen der Digitalisierung in der Theorie herausgearbei-
tet werden, welche dann in den folgenden Kapiteln anhand von drei Branchenbeispielen analysiert
werden.

2.1. Begriffsdefinitionen: Digitalisierung

Der Begriff „Digitalisierung" besitzt bei der Betrachtung der Definition eine Vielzahl an Bedeutungen.
Im ursprünglichen Sinn meint der Begriff „Digitalisierung" das Umwandeln von analogen (also z. B.
handgeschriebenen Unterlagen) in digitale Formen (z. B. eine Textdatei). Die somit digital gespei-
cherten Daten lassen sich im Anschluss digital weiterverarbeiten, was in der Regel schneller und
flexibler möglich ist als bei analogen Formaten.

Die Weiterverarbeitung erfolgt mithilfe technischer Geräte wie Computern und Smartphones und der Unterstützung von Kommunikationsnetzen und Datenbanken.[3]

In einer weiteren Betrachtung diente die IT, die als zentraler Faktor der digitalen Welt gilt, zunächst vor allem der Automatisierung und Optimierung von Unternehmen und Privathaushalten. Im 21. Jahrhundert stehen beim Begriff der Digitalisierung jedoch häufig disruptive Technologien, innovative Geschäftsmodelle sowie die Autonomisierung und Individualisierung im Fokus.[4]

Disruptive Technologien sind zunächst qualitativ schlechter oder funktional spezialisierter als etablierte Technologien. Später gleichen sie sich dann aber an die etablierten Produkte und Dienstleistungen an bzw. übertreffen die Leistung dieser, wodurch sie meist erfolgreicher sind.[5] Beispiele disruptive Innovationen sind MP3-Downloads oder Streamingdienste für Musik. Die einstigen Markführer auf dem Musikmarkt, Plattenfirmen und Musikverlage, verzeichneten zwischen 2000 und 2015 einen Rückgang ihrer CD-Verkäufe um 75 Prozent.[6]

Im Rahmen der Digitalisierung wird auch häufig von der „Digitalwirtschaft" gesprochen, die ebenfalls hilft, den schwammigen Begriff der „Digitalisierung" zu definieren. Sie beschreibt die zunehmende und branchenübergreifende Technologisierung der Wirtschaft. Außerdem umfasst sie die Kompetenz von Unternehmen, digitale Geschäftsmodelle zu entwickeln sowie ihre Prozesse und Strukturen zu erneuern. Dadurch soll die Effizienz im Unternehmen gesteigert werden und somit die Wettbewerbsfähigkeit verbessert werden. Für die Digitalwirtschaft wird in den kommenden Jahren ein stetiges Wachstum prognostiziert.[7]

2.2. Auslöser der Digitalisierung

Die Digitalisierung kann durch verschiedenste Gründe ausgelöst werden. Im Folgenden sollen drei dieser Auslöser kurz erläutert werden und anhand von Beispielen belegt werden. Laut einer Umfrage

2.2.1. Fortschreitender technologischer Wandel

Der erste PC in Desktopbauweise von IBM wurde 1981 im Markt eingeführt und entwickelte sich schnell zum Standard für einen betrieblichen Arbeitsplatz. Schnell danach folgte die Vernetzung der Geräte untereinander und die ersten Notebooks wurden eingeführt. Jedoch verlief diese Entwicklung eher langsam.

Technische und oft disruptive Innovationen haben jedoch in den letzten Jahren zu tiefgreifenden Veränderungen im Bereich der IT geführt, weshalb der rasant fortschreitende technologische

---

[3] Vgl. Luber, S. / Litzel, N. (2019)

[4] Vgl. Bendel, O. (2019)

[5] Vgl. Bendel, O. (2019-2)

[6] Vgl. Fleig, J. (2017)

[7] Vgl. o. A. (2019-4)

Wandel als einer der Auslöser für die Digitalisierung genannt werden kann.[8] Ein Beispiel für die sprunghafte technologische Weiterentwicklung ist das Smartphone. Nachdem Apple im Jahr 2007 sein erstes iPhone vorgestellt hat, haben die Verkäufe von Smartphones die Verkäufe von Desktop-PCs bereits im Jahr 2015, also nach nur acht Jahren, überholt. Unternehmen gehen dazu über, ihre Angebote zunächst für Mobilgeräte zu optimieren.[9]

2.2.2. Wettbewerbsdruck

In den heutigen Märkten herrscht ein erhöhter Wettbewerbsdruck. Innovationszyklen werden immer kürzer und die Globalisierung führen zu einem intensivierten Wettbewerb. Damit Unternehmen am Markt bestehen können, müssen diese mit der Entwicklung Schritt halten, was wiederum zur Auslösung der Digitalisierung führt. Verpasst ein Unternehmen eine Reaktion auf geänderte Wettbewerbsbedingungen, wird es verdrängt. Ein solches Beispiel ist die Firma Nokia, die am Markt für Mobiltelefone nach der Einführung der ersten Smartphones zu langsam reagierte und innerhalb weniger Jahre aus dem Markt verschwand, obwohl sie diesen lange anführte.[10] Digital gestützte Plattformen führen sogar zu „Winner takes it all"-Märkten. Das bedeutet, dass in digital bestimmten Märkten teilweise bereits ab Marktposition Zwei kein rentables Geschäft mehr vorhanden ist.[11] Um in Zukunft zu bestehen, ist die Digitalisierung unabdingbar. Daher muss der gestiegene Wettbewerbsdruck zu den Auslösern der Digitalisierung gezählt werden.

2.2.3. Veränderte Kundenbedürfnisse

Durch die Digitalisierung wird die Macht der Kunden gestärkt. Durch die hohe Markttransparenz und den leichten Zugang zu Informationen, sind die Kunden aufgeklärt und erwarten außergewöhnliche Dienstleistungen, welche im Idealfall auf ihren individuellen Wunsch zugeschnitten sind. Infolge dessen gaben bei einer Umfrage vom IBM Institute for Business Value aus dem Jahr 2016 71% der 2151 befragten Führungskräfte an, eine individuell auf den Einzelkunden zugeschnittene Lösung anzubieten. Des Weiteren soll die Kundenbeziehung durch den Einsatz von Technologie gefestigt werden.[12] Somit sind veränderte Kundenbedürfnisse sowie die gestiegene Macht der Kunden als Auslöser für die Digitalisierung zu sehen.

2.3. Einflüsse der Digitalisierung

Der folgende Abschnitt beschreibt mögliche Einflüsse der Digitalisierung in verschiedenen Betrachtungsweisen. Zunächst werden Einflüsse auf die Wirtschaft beschrieben, ehe auch die

---

[8] Vgl. Auth, G. et. al. (2017, S. 937f.)

[9] Vgl. Creusen, U. et. al. (2017, S. 6)

[10] Vgl. Balthes, G. / Freyth, A. (S. 4ff.)

[11] Vgl. Balthes, G. / Freyth, A. (S.43ff.)

[12] Vgl. Dahm, M. / Walther, H. (2019, S. 5)

Veränderungen im Alltag der Gesellschaft beleuchtet werden. Abschließend wird kurz erläutert, welchen Einfluss die Digitalisierung auf die Umwelt hat (Ökologische Einflüsse).

2.3.1. Einfluss auf die Wirtschaft

Neben dem Begriff „Digitalisierung" fallen in der Wirtschaft häufig weitere Begriffe wie „Industrie 4.0", „Internet of Things" oder auch „Vierte industrielle Revolution". So kann die Digitalisierung neue Geschäftsmodelle ermöglichen, Fertigungsprozesse grundlegend verändern und auch die Zusammenarbeit innerhalb der Unternehmen sowie mit den Kunden verändern. In den meisten Branchen ist ein Käufermarkt vorhanden, d. h. der Kunde kann aus einer Vielzahl an Angeboten wählen. Unternehmen müssen die Wettbewerbsfaktoren Verfügbarkeit, Qualität, Kosten und Individualität berücksichtigen.[13]

Auch in Bezug auf die Mitarbeiter hat die Digitalisierung Einfluss. So können junge Arbeitnehmer aufgrund des Fachkräftemangels in der heutigen Zeit aus einer Vielzahl an offenen Stellen auswählen. Oft bevorzugen sie dabei junge Firmen und Start-ups, da diese innovativer erscheinen als etablierte Unternehmen. Außerdem legen viele Bewerber Wert auf Homeoffice oder flexible Arbeitszeiten und -orte, welche durch die Digitalisierung ermöglicht wurden.[14]

Die Digitalisierung ist ein entscheidender Treiber einer neuen Arbeitswelt. Mitarbeiter und Führungskräfte müssen sich stetig weiterbilden, da Wissen schnell veraltet ist. Außerdem müssen Unternehmen das Thema Führung neu überdenken, da durch die Digitalisierung neue Anforderungen wie Offenheit, Agilität, Vernetzung und Partizipation hinzukommen. Dies wiederum führt zu Dynamik und Komplexität und einem Verwischen zwischen Führenden und Geführten.[15]

2.3.2. Einfluss auf den Alltag der Gesellschaft

Auch auf Privatpersonen und deren Alltag hat die Digitalisierung weitreichenden Einfluss. Erst vor wenigen Jahren gegründete Unternehmen wie Facebook (2004), Twitter (2006) oder auch WhatsApp (2009) sind aus dem heutigen Alltag nicht mehr wegzudenken.[16] Die Anzahl aktiver Facebook-Benutzer hat sich im Zeitraum von Q3/2009 bis zum Q3/2019 von ca. 305 Millionen auf ca. 2,4 Milliarden verachtfacht.[17] Dieser Anstieg steht in einem Zusammenhang mit dem Auslöser „Vereinfachter Internetzugang", da für die Erstellung eines Benutzerkontos bei Facebook neben einem entsprechenden Gerät (z. B. PC oder Handy) lediglich ein Zugang zum Internet benötigt wird. Durch Soziale Netzwerke wie Facebook können sich Menschen aus allen Teilen der Welt miteinander verbinden und ermöglichen somit einen interkulturellen Austausch.

---

[13] Vgl. Wiegand, B. (2018, S. 2ff.)

[14] Vgl. Rövekamp, M. (2016)

[15] Vgl. Dahm, M. / Walther, E. (2019, S. 6)

[16] Vgl. Herlitschka, S. (2019, S. 23)

[17] Vgl. Facebook (2019)

Einen weiteren Einfluss auf das Alltagsleben kann die Digitalisierung durch Robotik und künstliche Intelligenz haben. So können Computer bereits Diagnosepläne für Krebspatienten optimieren.[18]

Bei einem konsequenten Weiterdenken der Digitalisierung muss zwangsläufig die Integration aller Altersgruppen kritisch hinterfragt werden. So wird häufig zwischen Digital Immigrants und Digital Natives unterschieden. Vor allem für Digital Immigrants kann die Digitalisierung problematisch werden, da sie im Gegensatz zu den Digital Natives nicht mit digitalen Technologien aufgewachsen sind. Bei Betrachtung der derzeitigen Bevölkerungspyramide Deutschlands, ist jedoch auffällig, dass es tendenziell mehr Digital Immigrants als Natives gibt, welche sich erst an neue Technologien gewöhnen müssen.[19]

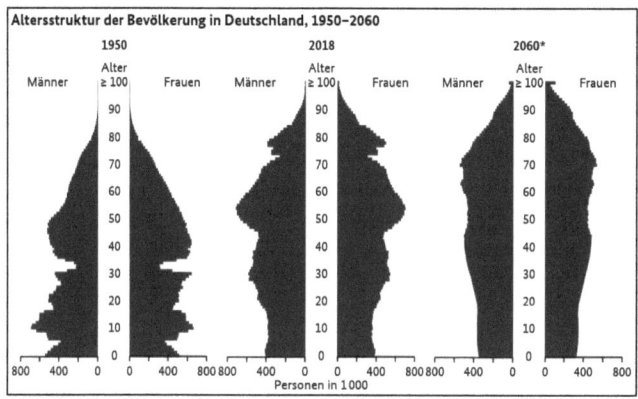

Abbildung 2: Bevölkerungsentwicklung in Deutschland 1950, 2018, 2060 (Prognose). (Aus: Demografie Portal, 2019)

Wie später in der Praxis beschrieben wird, kann es vor allem für die Digital Immigrants bzw. die ältere Generation schwierig werden, mit der Digitalisierung Schritt zu halten. Hier sind Beispiele wie der Umgang mit Smartphones oder auch Online-Banking zu nennen.

2.3.3. Ökologischer Einfluss

Die erhöhte Nutzung digitaler Technologien hat auch Einfluss auf die Umwelt. Die EU veröffentlichte beispielsweise 2011 erstmals eine Liste kritischer Rohstoffe, welche in ihrer aktuellen Fassung insgesamt 27 solcher Produkte beinhaltet. Fast alle der Rohstoffe, die für die Digitalisierung als nötig erachtet werden, befinden sich auf dieser Liste. Allein der zukünftige Bedarf an Lithium übersteigt die heutigen Fördermengen um das Dreifache. Der Abbau der Rohstoffe wirkt sich wiederum direkt

---

[18] Vgl. Rövekamp, M. (2016)

[19] Vgl. Laimingas / Böttcher, S. (2017), Siepermann, M. (2018 und 2018-2)

negativ auf die Abbauregionen aus, beispielsweise durch ein Absinken des Grundwasserspiegels und daraus resultierenden Dürreperioden.

Auch der Stromverbrauch steigt durch das Fortschreiten der Digitalisierung an. So wird der Verbrauch der Informations- und Kommunikationstechnologie in Deutschland für das Jahr 2025 auf etwa 46 Terrawattstunden, weltweit im Jahr 2030 sogar auf 8000 TWh geschätzt.[20]

2.4. Herausforderungen der Digitalisierung

Die zuvor genannten Auslöser und Einflüsse der Digitalisierung führen zu diversen Herausforderungen für Wirtschaft, Politik und Gesellschaft. Im Folgenden sollen drei solcher Herausforderungen exemplarisch erläutert werden.

3.1.1. Nachhaltigkeit

Wie unter 2.3.3. beschrieben, hat die Digitalisierung einige, negative ökologische Einflüsse. Dennoch besitzt sie Potenzial, um Nachhaltigkeit zu erzeugen. Dies ist der Fall, wenn digitale Lösungen mit niedrigem Energieverbrauch physische Lösungen ersetzen, wie z. B. die digitale Ansicht eines Dokumentes als PDF, welches dadurch nicht mehr ausgedruckt werden kann. Eine wichtige Herausforderung im Rahmen der Digitalisierung ist, diese nachhaltig zu gestalten, etwa durch das Recycling und energiesparsame Lösungen.[21]

3.1.2. Kulturwandel in Unternehmen

Die Digitalisierung in Unternehmen erfordert zumeist einen Kulturwandel in ebendiesen.[22] Sie erfordert ein Umdenken im Management und den Köpfen der Mitarbeiter. So ist beispielsweise eine funktionale Organisation für die Digitalisierung nicht zielführend.[23] Außerdem sind interdisziplinäre und selbstorganisierte Teams ebenso hilfreich wie flache Hierarchien und Agilität im Unternehmen.[24] Agilität wiederum darf jedoch nicht nur als Projektmanagement-Methode verstanden werden. Sie muss im gesamten Unternehmen etabliert werden und auf allen Ebenen gelebt werden.[25]

Führungskräfte müssen kommunikationsstark, einfühlsam und glaubwürdig sein. Außerdem scheint es nötig zu sein, spezielle Rollen für die Digitalisierung zu schaffen – zum Beispiel einen sogenannten Chief Digital Officer (CDO).[26] Weiterhin ist der Aufbau einer Geschäftseinheit für Digitale Transformation möglich. Nach einer Umfrage des ITK-Verbandes Bitkom hat jedoch lediglich jedes fünfundzwanzigste Unternehmen eine solche Abteilung. Einen CDO besitzen nur 10% der befragten

---

[20] Vgl. o. A. (2019-3), Merks, J. (2019), Sühlmann-Faul, F. (2019)

[21] Vgl. Sühlmann-Faul, F. (2019)

[22] Vgl. Ehlerding, A. / Bräutigam, A. (2014, S. 58), Schmiedinger, C. (2019, S. **XX)**

[23] Vgl. Wiegand, B. (2019, S. 5)

[24] Vgl. Schmiedinger, C. (2019, S. XX)

[25] Vgl. Brückmann, T. (2019, S. 43)

[26] Vgl. Dahm, M. / Walther, E. (2019, S. 7f.)

Unternehmen. Um in der Digitalisierung Erfolg zu haben, müssen Unternehmen digitale Strukturen institutionalisieren und auf allen Ebenen leben.[27]

3.1.3. Anpassung der Gesetzgebung

Neben der Erweiterbarkeit bereits vorhandener und etablierter IT-Systeme sind die Möglichkeiten der Digitalisierung in den regulatorischen Anforderungen begrenzt.[28] Der Gesetzgeber ist daher in der Pflicht, die notwendigen Gesetze entsprechend so anzupassen, dass die Interessen möglichst aller an der Digitalisierung beteiligten Gruppen berücksichtigt werden. So müssten laut Hilberg Fragen des Datenschutzes, der IT-Sicherheit und der Haftung rechtlich (neu) geregelt werden und Gesetze flexibler gestaltet werden, da bestehende gesetzliche Regelungen unzureichend seien und somit Gefahr laufen, der technologischen Entwicklung hinterherzuhinken (Hilbert, S. o. J.).

3. DIGITALISIERUNG IN DER FINANZBRANCHE

Zu Beginn soll in diesem Kapitel der Einfluss der Digitalisierung auf die Finanzbranche analysiert werden. Die im vorherigen Kapitel genannten Auslöser werden auf die Branche hin konkretisiert. Außerdem werden die Probleme und Herausforderungen sowie die Chancen und Risiken der Finanzbranche im Rahmen der Digitalisierung kurz beschrieben.

3.2. Definition der Branche

Um ein Verständnis für die im Folgenden beschriebene Finanzbranche zu erhalten, wird diese im folgenden Abschnitt kurz definiert. Das Kreditwesengesetz unterscheidet beispielsweise zwischen Kreditinstituten, Finanzdienstleistungsinstituten, Finanzunternehmen und weiteren Kategorien. Allen Unternehmen der beschriebenen Kategorien ist gemein, dass in Geld- oder Kapitalgeschäften tätig sind. Hierzu zählt beispielsweise auch der Erwerb von Beteiligungen oder die Vermittlung von Finanzanlagen.[29]

Dass die Digitalisierung vor allem in der Finanzbranche einen immer höheren Stellenwert einnimmt, zeigt die Wortneuschöpfung *FinTech*. Der Begriff wird aus Finanzdienstleistung und Technologie zusammengesetzt und nimmt Bezug auf Unternehmen, die mithilfe moderner Technologie Finanzdienstleistungen anbieten.[30]

3.3. Auslöser und Einflüsse

In diesem Abschnitt wird auf die zuvor definierten Auslöser und Einflüsse der Digitalisierung auf die Finanzbranche Bezug genommen.

---

[27] Vgl. Beutnagel, W. (2018, S. 29)

[28] Vgl. Ehlerding, A. / Bräutigam, A. (2014, S. 58)

[29] Vgl. Bundesministerium für Justiz und für Verbraucherschutz (2019)

[30] Vgl. Metzger, J. (2018)

Auch in der Finanzbranche ist der technologische Fortschritt und die damit verbundenen neuen Möglichkeiten ein Auslöser der Digitalisierung. Dies zeigt zum einen der bereits definierte Begriff *FinTech*, andererseits aber auch die hohe Anzahl von neuen Unternehmen, die als FinTechs gezählt werden können. Laut einer Studie wurden allein in den letzten zehn Jahren in Deutschland knapp 900 solcher Unternehmen gegründet. Dabei folgen FinTechs der bereits getätigten Innovationen: Zunächst spezialisierten sich die Start-Ups auf einzelne Nischen (z. B. Apps zum Management der Finanzen). Nach und nach erweiterten sie ihr Portfolio und integrierten beispielsweise Blockchain, die Kreditwirtschaft und Investmentbanking.[31]

Aus der Tatsache, dass neue Start-Ups in die Finanzbranche einsteigen, lässt sich der zweite Auslöser der Digitalisierung beobachten. Auf dem Markt entsteht ein erhöhter Wettbewerbsdruck. Vor allem etablierte Banken müssen neue Geschäftsmodelle entwickeln, um profitabel zu bleiben. In einem Interview beschreibt die FinTech-Expertin Susanne Chishti, dass FinTech kein kurzfristiger Trend sei, sondern dadurch ein langfristiger Strukturwandel der Branche bevorsteht. Des Weiteren beschreibt sie den Trend, dass frühere Mitarbeiter aus Finanzinstituten ihr Wissen nutzten, um neue Unternehmen zu gründen. Diese Start-Ups würden immer tiefer in die Wertschöpfungskette von Banken vordringen. Abschließend beschreibt die Expertin, dass es keine Lösung sei, auf einen Abschwung der FinTech-Gründungswelle zu hoffen. (Schneider, K. 2019, S. 31)

Auch die Kundenbedürfnisse haben in der Finanzbranche Einfluss auf die Digitalisierung bzw. sind als Auslöser dafür zu beobachten. So erfordert die hohe Änderungsgeschwindigkeit von Kundenanforderungen ein Umdenken in den Geschäftsmodellen von Finanzdienstleistern. So fordern Kunden verschiedene Kontaktkanäle sowie Services und Produkte, welche ihn begeistern. Dennoch ist zu berücksichtigen, dass der Fokus nicht gänzlich auf digitale Angebote gelenkt werden darf. Schließlich kann es einerseits sein, dass die Kunden für Standardprodukte den digitalen Weg wählen (z. B. Girokonto), für beratungsintensive und riskante Produkte jedoch weiterhin den persönlichen Kontakt zu Beratern suchen (z. B. Baufinanzierung, Lebensversicherungen). Digitale Angebote sind für einen guten Kundenservice unverzichtbar, jedoch sollten diese bestehenden Services ergänzen und so zu einem Omnikanal-Angebot ausbauen.[32]

3.4. Probleme und Herausforderungen

Vor allem etablierte Finanzdienstleister stehen vor dem Problem, dass für eine erfolgreiche Digitalisierung eine Anpassung der Unternehmensstruktur notwendig ist. Es ist nicht zielführend, nur kurzfristige Trends zu bedienen und auf geänderte Anforderungen zu reagieren. Stattdessen müssen die Unternehmen umdenken und eine wirksame Digitalisierungsstrategie entwickeln, um nachhaltig Erfolg haben zu können. Die bei vielen Dienstleistern vorherrschende Top-Down-Arbeitsweise ist für Digitalisierungsvorhaben ungeeignet. Um weiter bestehen zu können, muss im Unternehmen ein

---

[31] Vgl. Schneider, K. (2019, S. 30f.)
[32] Vgl. Maroldt, R. (2017, S. 40)

Kulturwandel erfolgen, der vom Top-Management über alle Ebenen gelebt werden muss. Hilfreich sind cross-funktionale Teams und agile Arbeitsweisen. Dies geht meist mit Verschiebungen oder dem gänzlichen Verschwinden von Hierarchien einher.[33]

Eine weitere Herausforderung bei der Digitalisierung ist die Wahrung des Datenschutzes der Kunden. Ein Wandel der Gesetzgebung ist zu beobachten, das beste Beispiel ist die Einführung der EU-Datenschutzgrundverordnung (DSGVO) zum Mai 2018. Mit ihr werden die Verbraucherrechte im Bereich Datenschutz für alle EU-Mitglieder (aber auch teilweise Drittstaaten) verbindlich geregelt. Bei Digitalisierungsvorhaben stellt die Rücksicht auf Gesetze eine Herausforderung für die Unternehmen dar, Prinzipien wie Datensparsamkeit müssen zwingend berücksichtigt werden. Vor allem im Finanzsektor ist dies nötig, da es sich bei den verarbeiteten Daten meist um sensible Daten (z. B. Finanzstatus, Einkommen, usw.) handelt und bei Datenpannen hohe Bußgelder drohen. Ein sorgsamer Umgang jedoch kann Vertrauen beim Kunden entstehen und zum Erfolg der Beratung beitragen.[34]

3.5. Chancen und Risiken

In Anbetracht der zuvor genannten Auslöser, Einflüsse und Herausforderungen der Digitalisierung lassen sich zusammenfassend einige Chancen und Risiken für die Finanzbranche identifizieren.

Als Chance ist sicherlich das Potenzial neuer Märkte zu nennen. So können durch die Digitalisierung neue und innovative Geschäftsmodelle entwickelt werden. Eine weitere Chance der Digitalisierung ist die Verbesserung des Kundenservices. Online-Angebote können bestehende Services ergänzen und das Angebot der Dienstleister zu einem Omnichanel-Angebot ausweiten. Eine verbesserte Kundenbindung und -zufriedenheit kann das Resultat sein. Abgeschlossen werden die Chancen der Digitalisierung durch eine mögliche Prozessoptimierung, welche zu einer Kostenersparnis führen kann.

Als Risiken sind vor allem für die etablierten Akteure der Branche Start-Ups zu nennen, die mit neuen und disruptiven Innovationen in die bestehenden Märkte eintreten. Aufgrund festgefahrener Strukturen kann es für etablierte Unternehmen schwierig sein, mit der Agilität solcher Start-Ups Schritt zu halten. Ein weiteres Risiko ist die Gefahr von Datenpannen. Diese werden aufgrund der neuen Gesetzgebung durch die EU-DSGVO härter bestraft und können des Weiteren einen schweren Imageverlust zur Folge haben. Ein letztes Risiko ist mit der Ungewissheit zu nennen, die bei neuen Geschäftsmodellen vorhanden ist. Meist existieren weder Erfahrungswerte noch Expertenwissen und mögliche Innovationen können vom Markt nicht angenommen werden. Um dem entgegen zu treten, ist eine hohe Anpassungs- und Reaktionsfähigkeit von den Unternehmen gefordert.

---

[33] Vgl. Schmiedinger, C. (2019, S. 176f.)
[34] Vgl. Heiserowski, T. (2019, S. 62f.)

4. DIGITALISIERUNG IN DER ÖFFENTLICHEN VERWALTUNG

Das folgende Kapitel definiert wiederum zunächst die betrachtete Branche der öffentlichen Verwaltung. Es folgen die Auslöser und Herausforderungen, ehe auch für diese Branche Chancen und Risiken erarbeitet werden.

4.1. Definition der Branche

Die öffentliche Verwaltung (in Deutschland) wird definiert als diejenige der drei Gewalten, die den administrativen Teil der vollziehenden Gewalt darstellt. Die Träger öffentlicher Verwaltung sind Behörden. Diese können wiederum in Bundes-, Landes- und örtliche Behörden (wie z. B. Gemeinden und Landratsämter) aufgeteilt werden.[35]

4.2. Auslöser und Einflüsse

Auch im Bereich der öffentlichen Verwaltung kann der technologische Fortschritt als Auslöser gesehen werden. Dieser Fortschritt führt in Kombination mit den geänderten Kundenbedürfnissen (Kunden sind in diesem Sinne als Bürger gemeint, die in Kontakt mit öffentlichen Behörden stehen) zu einem notwendigen Wandel der Behördenarbeit. Die Bürger wünschen sich eine Verwaltung, mit der sie einfach kommunizieren können.[36]

Ein weiterer Auslöser der Digitalisierung im öffentlichen Bereich ist die Gesetzgebung. So wurde in Deutschland mit dem Onlinezugangsgesetz eine Rechtsgrundlage geschaffen, die bis 2022 von Bund, Ländern und Kommunen fordert, dass die 575 wichtigsten Verwaltungsleistungen auch digital von den Bürgern abgewickelt werden können.[37]

Abschließend ist zu erwähnen, dass eine verschärfte Marktsituation im Bereich der öffentlichen Verwaltung aufgrund der fehlenden Gewinnorientierung nicht als Auslöser der Digitalisierung gesehen werden kann.

4.3. Probleme und Herausforderungen

Im Gegensatz zu privaten Unternehmen arbeiten öffentliche Behörden nicht zwingend gewinnorientiert und finanzieren sich durch öffentliche Mittel. Des Weiteren ist die Öffentliche Verwaltung mit einem hohen Maß an Bürokratie belastet, welche den Fortschritt der Digitalisierung bremst. So fehlen einerseits häufig finanzielle Mittel, andererseits herrscht in den meisten Behörden eher eine innovationsskeptische und sicherheitsorientierte Kultur.

Ein weiteres Problem bei der Digitalisierung im öffentlichen Raum stellt auch die unsichere Rechtslage dar. So gibt es zwar viele Initiativen, um die Digitalisierung voranzutreiben, jedoch sehen viele Angestellte im öffentlichen Dienst die Rechtslage als kritisch und unsicher an. Weiterhin muss die

---

[35] Vgl. Juraforum (o. J.), Krumme, J. (2018)

[36] Vgl. Seidel, A. / Proll, R. (2019, S. 8)

[37] Vgl. Holler, F. et. Al. (2019, S. 6)

Herausforderung der IT-Sicherheit und der Abwehr von Cyberangriffen gestemmt werden, da es sich bei den erhobenen Daten in der öffentlichen Verwaltung um hochsensible Daten handelt. So zählen hierzu beispielsweise Daten zu Herkunft, Gesundheitsdaten sowie möglicherweise auch Daten zu Religion.[38]

Die meisten Behördenprozesse sind nicht für das digitale Zeitalter gestaltet. Dies bringt die Herausforderung mit sich, dass eine Anpassung der Verwaltungsleistungen und Prozesse notwendig ist. Die Digitalisierung in der öffentlichen Verwaltung kann nicht nur der Wechsel bzw. das Hinzufügen neuer Angebotskanäle sein. Sie setzt ein Umdenken im Bereich Prozesse und Verwaltungsstruktur voraus.

Andererseits müssen die Bedürfnisse der Bürger berücksichtigt werden. Werden Bürger nicht oder zu spät informiert und in den Prozess miteinbezogen droht die Ablehnung von Neuerungen. Ein Beispiel hierfür ist mit dem neuen deutschen Personalausweis zu nennen, der zwar eine digitale Funktion beinhaltet, die jedoch aufgrund fehlender Akzeptanz und wenig Anwendung findet.[39]

4.4. Chancen und Risiken

Chancen der Digitalisierung in der öffentlichen Verwaltung sind Kostenoptimierungen durch verbesserte Prozesse, die Erleichterung des Alltags für die Bürger sowie die Herstellung von Zukunftsfähigkeit der Wirtschaft und Gesellschaft.

Als Risiken der Digitalisierung ist wiederum der hohe Schutzbedarf der erhobenen Daten zu nennen. Außerdem kann die Gefahr der fehlenden Akzeptanz und des Vertrauens der Bürger zu einem Risiko für die Digitalisierung werden. Als abschließender Risikofaktor ist die derzeit in Deutschland noch stark vorhandene Bürokratie zu nennen, die Digitalisierungsprojekte verlangsamt bzw. dazu führt, dass diese gänzlich scheitern.

5. ABSCHLUSS

Bei Betrachtung der einschlägigen Literatur ist auffällig, dass der Begriff „Digitalisierung" in den letzten Jahren vermehrt an Beachtung gewonnen hat. Aufgrund der hohen Dynamik in den meisten Märkten wird sich diese Entwicklung aus meiner Sicht in den nächsten Jahren fortsetzen.

Eine Vielzahl an Unternehmen wird große Summen in Digitalisierungsstrategien und -vorhaben investieren und zahlreiche Projekte in diesem Bereich durchführen. Dennoch sehe ich für die Zukunft viele Fragezeichen. So sind zwar diverse Ideen bereit breit in der Öffentlichkeit diskutiert worden (z. B. autonomes Fahren, Künstliche Intelligenz), jedoch werden viele dieser Projekte aufgrund ihrer hohen Komplexität, der vorhandenen Ungewissheit und dem fehlenden Fachwissen noch lange Zeit die Gesellschaft beschäftigen.

---

[38] Vgl. Hammerschmid, G. / Raffer, C. (2017, S. 8ff.)
[39] Vgl. Holler, F. et. al. (2019, S. 7)

Werden die Vorhaben richtig angewandt und zielführend durchgeführt, so kann die Digitalisierung durchaus gewinnbringend für Wirtschaft und Gesellschaft sein. In einigen Branchen sind bereits Verbesserungen durch die Digitalisierung zu beobachten. So erleichtert Online-Banking den Zugriff auf die Finanzen und kann orts- und zeitunabhängig genutzt werden.

Bei der weiteren Integration von bisher analogen Komponenten in die digitale Welt sind jedoch zwingend Aspekte des Datenschutzes und der Datensicherheit zu beachten. Vor allem im Gesundheitswesen werden sehr sensible Daten verarbeitet, die durch gezielte Angriffe zweckentfremdet und mit negativen Auswirkungen für die Gesellschaft genutzt werden können. Hier sind klare und zeitgemäße regulatorische Anforderungen zu definieren und vom Gesetzgeber durchzusetzen. Dies muss zwingend auf internationaler Ebene erfolgen, da durch das Internet die Nationalstaatlichkeit im Digitalbereich an Bedeutung verliert.

Um die Digitalisierung erfolgreich zu meistern, sind alle Akteure (Wirtschaft, Gesellschaft und Politik) gefordert. Eine enge Zusammenarbeit aller Bereiche kann zu Verbesserungen führen. Geplante Vorhaben sind jedoch immer kritisch zu hinterfragen und detailliert zu planen.

LITERATURVERZEICHNIS

Auth, G. et. al. (2017): Erkennung und Nutzung von Technikinnovationen für den Digital Workplace der Deutschen Telekom. In: HMD Praxis der Wirtschaftsinformatik, Vol. 54, No. 6, Springer Verlag Wiesbaden (S. 935-949)

Balthes, G. / Freyth. A (2017): Die radikal neuen Anforderungen unserer Zeit und die Konsequenz für Veränderungsarbeit. In: Balthes G. / Freyth A. (Hrsg.): Veränderungsintelligenz. Agiler, innovativer, unternehmerischer den Wandel unserer Zeit meistern, Springer Verlag Wiesbaden (ISBN: 978-3-658-04888-4), S. 1 - 80

Bendel, O. (2019): Digitalisierung. In: Gabler Wirtschaftslexikon (URL: https://wirtschaftslexikon.gabler.de/definition/digitalisierung-54195/version-277247 [Letzter Zugriff: 09.12.2019])

Bendel, O. (2019-2): Disruptive Technologien. In: Gabler Wirtschaftslexikon (URL: https://wirtschaftslexikon.gabler.de/definition/disruptive-technologien-54194 [Letzter Zugriff: 09.12.2019)

Bundesministerium der Justiz und für Verbraucherschutz (2019): Kreditwesengesetz. (URL: https://www.gesetze-im-internet.de/kredwg/ [Letzter Zugriff: 11.12.2019])

Beutnagel, W. (2018) Sand im Getriebe. In: automotivelT, Jg. 11/2018, S. 28-29

Creusen, U. et. al. (2017): Digital Leadership. Führung in Zeiten des digitalen Wandels. Springer Verlag Wiesbaden (ISBN: 978-3-658-17812-3)

Dahm, M. / Walther, E. (2019): Digitale Transformation. *In:* Dahm, M. / Thode, S. (Hrsg.): Strategie und Transformation im digitalen Zeitalter. Inspiration für Management und Leadership. Springer Verlag Wiesbaden (ISBN: 978-3-658-22031-0)

Demografie Portal (2019): Immer mehr ältere Menschen in Deutschland (URL: http://www.demografie-portal.de/SharedDocs/Informieren/DE/ZahlenFakten/Bevoelkerung_Altersstruktur.htmL [Letzter Zugriff: 11.12.2019)

Facebook (2019). Anzahl der monatlich aktiven Facebook Nutzer weltweit vom 1. Quartal 2009 bis zum 3. Quartal 2019 (in Millionen) [Graph]. *In:* Statista. (URL: https://de-statista-com.pxz.iubh.de:8443/statistik/daten/studie/37545/umfrage/anzahl-der-aktiven-nutzer-von-facebook/ [Letzter Zugriff: 08.12.2019])

Fleig, J. (2017): 3 Beispiele für eine disruptive Innovation. In: Business-wissen.de (URL: https://www.business-wissen.de/artikel/innovationen-3-beispiele-fuer-eine-disruptive-innovation/ [Letzter Zugriff: 09.12.2019])

Hammerschmid, G. / Raffer, C. (2017): Digitale Verwaltung. Behörden unter Handlungsdruck. In: Public Governance, Jg. Herbst/Winter 2017, Seite 6 - 11

Heiserowski, T. (2019): Die DSGVO ist ein Triebmotor der Digitalisierung. In: bank und markt, Jg. 02/2019, Seite 62 - 64

Herlitschka, S (2019): Muss sich die Welt der Technologie unterordnen? *In*: Kleine Zeitung vom 22.11.2019, S. 23 - 24

Hilberg, S. (o. J.): Digitalisierung – aber Recht trendig bitte! (URL: https://www2.deloitte.com/de/de/pages/legal/articles/recht-digitalisierung.html [Letzter Zugriff: 09.12.2019)]

Holler, F. et. al. (2019): Digitaler Wandel. Der Nutzer im Fokus. In: Public Governance, Jg. Sommer 2019, Seite 6 - 11

Juraforum (o. J.): Öffentliche Verwaltung. Definition, Aufgaben und Aufbau in Deutschland (URL: https://www.juraforum.de/lexikon/oeffentliche-verwaltung [Letzter Zugriff: 12.12.2019])

Krumme, J. (2019): Verwaltung. Definition. In: Gabler Wirtschaftslexikon (URL: https://wirtschaftslexikon.gabler.de/definition/verwaltung-47011/version-270283 [Letzter Zugriff: 12.12.2019])

Laimingas / Böttcher, S. (2017): Was ist ein Digital Native? Definition. In: IT-Business (URL: https://www.it-business.de/was-ist-ein-digital-native-a-679672/ [Letzter Zugriff: 11.12.2019])

Luber, S. / Litzel, N. (2019): Was ist Digitalisierung? Definition. (URL: https://www.bigdata-insider.de/was-ist-digitalisierung-a-626489/ [letzter Zugriff: 08.12.2019])

Maroldt, R. (2017): Digitalisierung ist Maßkonfektion. In: diebank, Jg. 04/2017, Seite 40 - 43

Merks, J. (2019): Digital first, Planet second. In: Kontext Wochenzeitung (URL: https://www.kontextwochenzeitung.de/debatte/411/digital-first-planet-second-5716.html [Letzter Zugriff: 09.12.2019])

Metzger, J. (2018): FinTech. Definition. In: Gabler Wirtschaftslexikon (URL: https://wirtschaftslexikon.gabler.de/definition/fintech-54166/version-277220 [Letzter Zugriff: 11.12.2019])

o. A. (2019): Website des Bundesministeriums für Wirtschaft und Energie (URL: https://www.bmwi.de/Navigation/DE/Home/home.html [letzter Zugriff: 08.12.2019])

o. A. (2019-2): Digitalisierung. Lexikon. In: Gründerszene (URL: https://www.gruenderszene.de/lexikon/begriffe/digitalisierung?interstitial [letzter Zugriff: 08.12.2019])

o. A. (2019-3): Internet schraubt Energieverbrauch hoch. In: Zeitung für kommunale Wirtschaft (URL: https://www.zfk.de/digitalisierung/it/artikel/internet-schraubt-energieverbrauch-hoch-2017-08-22/ [Letzter Zugriff: 09.12.2019])

o. A. (2019-4): Digitalwirtschaft. In: Onpulson (URL: https://www.onpulson.de/lexikon/digitalwirtschaft/ [Letzter Zugriff: 09.12.2019])

Rövekamp, M. (2016): Wie sich die Arbeitswelt wandelt. Digitalisierung bis Demografie. In: Tagesspiegel (URL: https://www.tagesspiegel.de/wirtschaft/digitalisierung-bis-demografie-wie-sich-die-arbeitswelt-wandelt/14898360.html [Letzter Zugriff: 09.12.2019])

Schmiedinger, C. (2019): Bei der Digitalisierung wird oft zu kurz gesprungen. In: bank und markt, Jg. 04/2019, Seite 176 - 178

Schneider, K. (2019): Scheitern als Ansporn. In: Handelsblatt, Jg. 13.11.2019, Heft 219, S. 30-31

Seidel, A. / Proll, R. (2019): Digitalisierung der Verwaltung. Ein Hürdenlauf. In: Prognos AG (Hrsg.). Trendreport „Digitaler Staat"

Siepermann, M. (2018): Digital Native. Definition. In: Gabler Wirtschaftslexikon (URL: https://wirtschaftslexikon.gabler.de/definition/digital-native-54496/version-277525 [Letzter Zugriff: 11.12.2019])

Siepermann, M. (2018-2): Digital Immigrant. Definition. In: Gabler Wirtschaftslexikon (URL: https://wirtschaftslexikon.gabler.de/definition/digital-immigrant-54497/version-277526 [Letzter Zugriff: 11.12.2019])

Sühlmann-Faul, F. (2019): Digitalisierung & Nachhaltigkeit. Risiken, Chancen und notwendige Schritte. In: Informatik aktuell (URL: https://www.informatik-aktuell.de/management-und-recht/digitalisierung/risiken-und-chancen-der-digitalisierung.html [Letzter Zugriff: 09.12.2019])

Weck, A. (2013): Google Trends: Die angesagtesten Suchanfragen jetzt auch in Deutschland, (URL: https://t3n.de/news/google-trends-deutschland-470603/ [letzter Zugriff: 08.12.2019])

Wiegand, B. (2018): Der Weg aus der Digitalisierungsfalle. Mit Lean Management erfolgreich in die Industrie 4.0, 1. Auflage, Springer Gabler Verlag, Wiesbaden